IN VIAGGIO PER LA LUNA

Selina Young

IN VIAGGIO PER LA LUNA

MONDADORI

Traduzione di Alessandra Orsi

© 1996 Selina Young
© 1996 Arnoldo Mondadori Editore S.p.A., Milano, per l'edizione italiana
Pubblicato per accordo con Heinemann and Mammoth, imprints of Reed
International Books Ltd, London
Titolo dell'opera originale *Big Dog and Little Dog visit the Moon*
Prima edizione maggio 1996
Stampato presso le Artes Graficas Toledo S.A., Toledo (Spagna), Gruppo Mondadori
ISBN 88-04-41659-9
D.L. TO: 439-1996

UNA SERA, MENTRE TORNANO A CASA,
CAGNONE E CAGNOLINO GUARDANO LA LUNA
NEL CIELO: È GRANDE E GIALLA
MA HA UN'ARIA TRISTE.
«POVERA LUNA» DICE CAGNOLINO.

CAGNONE E CAGNOLINO VANNO A CASA
E SI METTONO A PENSARE: COME SI COSTRUISCE
UN RAZZO?

UN RAZZO PER VOLARE SULLA LUNA.

CAGNONE FA UN SACCO DI DISEGNI
E CAGNOLINO LI COLORA.

POI FANNO UNA LISTA DI QUEL CHE SERVE.

CAGNONE PRENDE I SOLDI DAL MAIALINO SALVADANAIO E LI DÀ A CAGNOLINO, PERCHÉ VADA A COMPRARE TUTTO QUEL CHE SERVE PER LA LORO IMPRESA.

CAGNONE RITAGLIA IL CARTONE E CAGNOLINO INCOLLA INSIEME I PEZZI CON IL NASTRO ADESIVO. CAGNONE COSTRUISCE LE PUNTE DEL RAZZO CON LA PLASTILINA E CAGNOLINO LE LEGA CON LA CORDA.

CAGNOLINO TAGLIA DEI PEZZI DI GIORNALE E CAGNONE PREPARA LA CARTAPESTA.

POI INCOLLANO LA CARTA DI GIORNALE SUL RAZZO DI CARTONE. DOPO TUTTE QUELLE ORE PASSATE A TAGLIARE, INCOLLARE, IMPASTARE.

SONO STANCHI E VANNO A DORMIRE.

LA LUNA BRILLA NEL CIELO PROPRIO SULLA LORO FINESTRA. SORVEGLIA LA CASA, MA È CUPA E TRISTE. NON SA CHE CAGNONE E CAGNOLINO STANNO PER ANDARE A TROVARLA. INTORNO AI SUOI OCCHI CI SONO CIUFFI DI NUVOLE GRIGIE.

IL GIORNO DOPO CAGNONE E CAGNOLINO SI SVEGLIANO PRESTO E PREPARANO UNA RICCA COLAZIONE.

POI CORRONO A VEDERE IL LORO RAZZO.

DURANTE LA NOTTE I GIORNALI E LA CARTAPESTA SI SONO INDURITI E IL RAZZO STA IN PIEDI SUL TAPPETO DEL SALOTTO.

CAGNOLINO PREPARA LA VERNICE.

POI, INSIEME, LO PITTURANO CON DUE STRATI DI VERNICE BRILLANTE. QUANDO È ASCIUTTO, CAGNONE RITAGLIA UNA PORTA SU UN LATO DEL RAZZO.

DOPO LA PORTA RITAGLIA DUE FINESTRE, COSÍ OGNUNO AVRÀ LA POSSIBILITÀ DI GUARDAR FUORI DURANTE IL VIAGGIO.

CAGNOLINO PREPARA I PANINI PER IL VIAGGIO MENTRE CAGNONE SI LAVA LE ZAMPE DOPO AVER COSTRUITO IL MOTORE. POI METTONO TUTTO IN UNA CESTA E SI PREPARANO A PARTIRE.

E IO L'ATLANTE.

IO MI PORTO IL MIO OMBRELLO NUOVO.

ORA NON RESTA CHE ASPETTARE CHE IL SOLE
VADA A DORMIRE E ARRIVI LA LUNA.

CAGNONE E CAGNOLINO GUARDANO
DALLA FINESTRA FINCHÉ COMPARE LA LUNA.

ALLORA SALGONO SUL RAZZO E SI SPORGONO DAI FINESTRINI PER VEDERE DOV'È LA LUNA STASERA.

IL RAZZO PARTE NELLA NOTTE,
FACENDO UN GRAN RUMORE,
E VIAGGIA PASSANDO VICINO
ALLE NUVOLE, ALLE STELLE.
INFINE, TRA SCOPPI E SCINTILLE,
LI PORTA FINO ALLA LUNA.

QUANDO ARRIVANO, LA LUNA È DI NUOVO ANDATA A DORMIRE. IL RAZZO LE FA UN GIRETTO INTORNO.

CIAO LUNA! SVEGLIATI!

SIAMO VENUTI A FARTI SORRIDERE.

LA LUNA SI LIMITA AD APRIRE L'OCCHIO SINISTRO MA POI SI RIMETTE A DORMIRE.

COSÍ CAGNONE FA ATTERRARE DOLCEMENTE IL RAZZO, PROPRIO SULLA TESTA DELLA LUNA.

LA LUNA APRE I SUOI OCCHI NERI, MENTRE CAGNONE E CAGNOLINO BALZANO GIÚ DAL RAZZO E CAMMINANO VERSO LE ORECCHIE DELLA LUNA PER FARSI SENTIRE.

LA LUNA FA UN DEBOLE SORRISO. UN SORRISO CHE DIVENTA SEMPRE PIÚ LARGO...

... SEMPRE PIÚ LARGO, FINCHÉ DIVENTA UNA VERA RISATA.

CAGNONE E CAGNOLINO CAMMINANO
SU TUTTA LA LUNA – BUM, BOP, BUMP,
BOP – TRA BALZI E SALTELLI.

LA SUA RISATA DIVENTA SEMPRE PIÚ FORTE. SEMBRA CHE NON RIESCA PIÚ A SMETTERE.

SI ROTOLA NEL CIELO DALLE RISATE. LE NUVOLE GRIGIE CHE AVEVA ATTORNO AGLI OCCHI SONO ANDATE VIA.

NON RIESCE PROPRIO PIÚ A SMETTERE.

COSÍ CAGNONE E CAGNOLINO SE NE VANNO ANCORA UN PO' IN GIRO SULLA LUNA, MENTRE LEI RIDACCHIA E SI CONTORCE DAL SOLLETICO.

CAGNONE E CAGNOLINO SONO STANCHI, DOPO TUTTE QUELLE CORSE SULLA LUNA.

COSÍ FANNO RITORNO AL RAZZO,
DOVE MANGIANO I PANINI
E SI RIPOSANO.

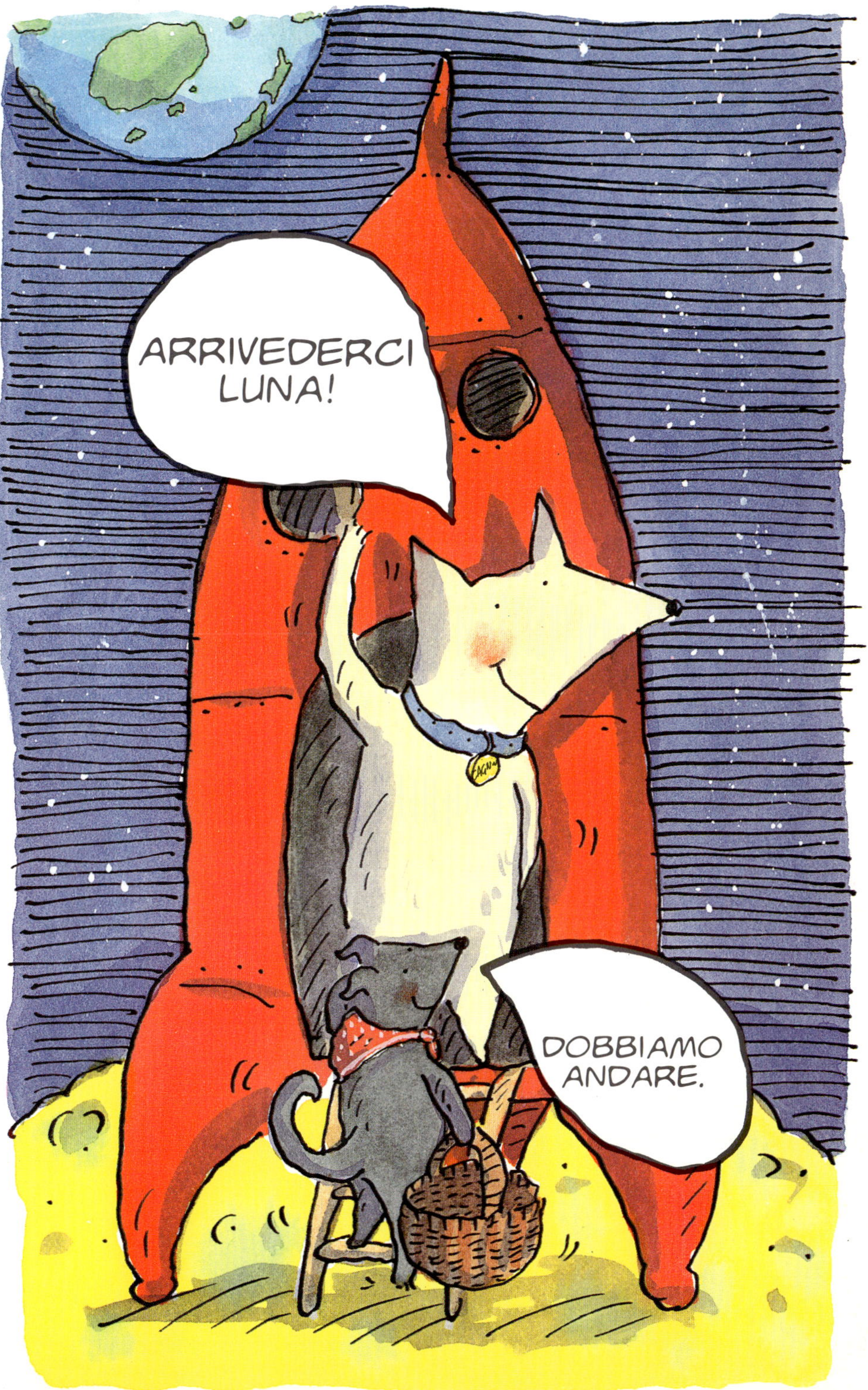
ARRIVEDERCI LUNA!
DOBBIAMO ANDARE.

CAGNONE E CAGNOLINO NON VEDONO L'ORA DI ANDARE A DORMIRE. VOLANO NELLA NOTTE E TRA SCOPPI E SCINTILLE…

… PASSANO TRA LE STELLE

E OLTRE LE NUVOLE, POI ATTERRANO

DOLCEMENTE NEL GIARDINO DI CASA.

CAGNONE E CAGNOLINO VANNO SUBITO A LETTO.

È BELLO ESSERE A CASA.

METTEREMO A POSTO DOMATTINA. BUONANOTTE!

SI ADDORMENTANO MOLTO IN FRETTA.

LA LUNA SPLENDE SULLA CASA DI CAGNONE E CAGNOLINO, E SORRIDE.

IL SOLLETICO MI HA SEMPRE FATTO RIDERE: SONO COSÌ FELICE!

CAGNONE E CAGNOLINO DORMONO FINO A TARDI, QUELLA MATTINA, E QUANDO SI SVEGLIANO LA LUNA È GIÀ ANDATA A DORMIRE.

NON RIESCO A CREDERE CHE SIAMO STATI SULLA LUNA!

IL SOLE HA GIÀ PRESO IL POSTO DELLA LUNA E CAGNONE HA PREPARATO UOVA E PANE TOSTATO PER COLAZIONE.

CAGNONE E CAGNOLINO DECIDONO DI ANDARE A TROVARE LA LUNA OGNI LUNEDÍ.

ORA LA LUNA È FELICE OGNI GIORNO...

MA SPECIALMENTE IL LUNEDÍ!